LE DEVOIR

DE

L'ASSEMBLÉE CONSTITUANTE

LA PAIX AVEC LA RÉPUBLIQUE

PAR

ALBERT QUANTIN

BORDEAUX

LIBRAIRIE CENTRALE

8, Allées de Tourny, 8.

Fevrier 1871

LE DEVOIR

DE

L'ASSEMBLÉE CONSTITUANTE

LA PAIX AVEC LA RÉPUBLIQUE

Au moment où une assemblée souveraine, convoquée dans des circonstances extraordinaires, va décider à la hâte du sort de la France, il est du devoir de tout citoyen de se recueillir un instant et de peser dans une balance égale les ressources qui expliquent l'espérance et les pertes qui excusent la résignation.

Quelle utilité a ces réflexions particulières, puisque nous remettons les destinés de notre pays entre les mains de représentants? — Cette utilité est incontestable, car ils n'ont pas seuls le droit de réflexion, et en leur donnant la puissance exécutive, nous n'abdiquons pas notre intelligence. Un peuple libre se fait à lui-même son opinion, et ses représentants, comme leur nom l'indique, ne font que l'exprimer. Examinons tous la situation présente, et ne voyons pas seulement par les yeux des autres.

Deux questions sont à l'ordre du jour :

1° La Paix ou la continuation de la guerre.

2° Le maintien du gouvernement républicain ou son rejet.

Ces deux questions sont-elles véritablement distinctes l'une de l'autre, ou bien la seconde sera-t-elle résolue suivant la solution que l'on donnera à la première? Il y a en ce moment en France un parti considérable, composé de tout ce qui n'est pas républicain, qui affecte de ne voir qu'une seule et même chose dans ces deux questions. Sans même admettre la possibilité d'une discussion, ils proclament ce prétendu axiome :

La République ne peut exister qu'avec la victoire.

L'esprit français est si peu habitué à l'indépendance, que ce paradoxe est passé à l'état de vérité, et que les républicains les plus sincères considèrent leur gouvernement comme perdu, si la France est obligée d'accepter la paix.

Nous reviendrons sur la perfidie de cette manœuvre, mais abordons auparavant la première question.

I

Dans quelle situation militaire sommes-nous placés ?

Il ne faut pas craindre d'avouer nos faiblesses. Nons avons trop longtemps donné à l'Europe le ridicule spectacle d'une confiance aveugle dans notre génie. Depuis quand un homme né entre l'Océan et les Vosges vaut-il mieux qu'un homme né entre les Vosges et le mont Oural! Au jour de sa naissance, le fils du duc est-il supérieur au fils de l'ouvrier ? Nous ne croyons plus à cela. Pourquoi croyons-nous encore qu'au jour de sa naissance, le Français vaut mieux qu'un autre homme ? Pour les peuples comme pour les hommes, le mérite est la conséquence du travail, de l'honnêteté et d'un certain esprit que la providence répand également d'un bout à l'autre de l'univers. Quelquefois une nation, généreuse et forte, reçoit une part plus grande d'intelligence et s'élève au-desssus de ses voisines ; mais, c'est que de nombreuses vertus et un courage vrai l'ont rendue agréable au mystérieux distributeur. Athènes et Rome ont vu fuir leurs dieux, et le Dieu-Progrès peut ne pas être content de nous. Comment! Il nous avait choisi deux fois, en 1789 et en 1848, pour donner la lumière au monde, et nous avons laissé le monde dans les ténèbres de l'esclavage; il nous avait fait semeurs et pasteurs de peuples et nous avons laissé dévorer la semence par les oiseaux de proie. Les premiers, nous avons compris et proclamé l'infamie de la tyrannie, et pendant un siècle nous avons fait les tyrans grands, en les portant sur nos épaules!

Humilions-nous donc et laissons parler la raison.

Il ne s'agit pas ici de comparaison. Philippe de Macédoine ne valait pas Démosthènes et Démosthènes a été battu. Il ne nous convient pas de parler de la Prusse : nous parlons de nous. Nous ne prévoyons rien dans l'avenir; nous regrettons seulement le passé et nous voyons le présent. Nous sommes encore trop grands pour qu'on nous accuse de faire amende honorable aux nations.

Nous nous confessons devant nous-mêmes, parce que seuls nous sommes *nos pairs*. Quand nous disons que la fortune ne nous doit rien et que nous avons été mauvais, nous parlons encore en maîtres, parce que seuls, vainqueurs ou battus, nous pouvons comprendre les devoirs des peuples.

Maintenant que le procès est fait aux préjugés, comptons nos hommes et nos fusils.

L'armée de l'Est n'est plus. Il nous reste Faidherbe, Chanzy et Garibaldi : trois armées en campagne.

Que peuvent-elles faire ?

Elles luttaient difficilement avant la capitulation de Paris. Alors que de grandes victoires étaient nécessaires, les échecs étaient aussi fréquents que les succès.

Après l'armistice, les Prussiens, maîtres des forts de Paris, pourront doubler l'effectif de leurs armées de campagne. Qu'opposerons-nous à ces nouvelles troupes ? — Les mobilisés ? — Ils sont mal armés, et, on peut le dire car les Prussiens connaissent notre situation mieux que nous-mêmes, ils ne veulent pas se battre.

Il est aussi pénible qu'inutile d'énumérer ici les preuves de notre infériorité. Mais il faut cependant dire toute la vérité et voir quelles espérances on peut fonder sur cette dernière ressource de la *levée en masse*.

Les hommes ne suffisent pas ; il faut des armes. Nous n'en avons pas, nous n'en aurons pas assez. — Les armes ne suffisent pas, il faut savoir s'en servir. Nous ne sommes pas soldats ; nous ne pourrons pas le devenir en un instant. — Enfin, aurait-on des armes, des soldats instruits, de bons généraux, cela ne suffit pas ; il faut une organisation militaire. Nous en manquons, nous en manquerons pendant toute la durée de la guerre, parce qu'il est impossible de créer en un mois de troubles ce qui demande plusieurs années de paix.

Quelle conclusion à tout cela?

La guerre à outrance!

Ah! l'on comprend facilement qu'un cœur qui saigne raisonne mal, que les défaites soient dures et les humiliations insupportables. Qui ne pardonnerait à la généreuse erreur d'hommes ardents et braves, qui parlent haut, mais qui se battent bien aussi, quoique l'on en dise?

Mais où nous mènera la guerre à outrance? — A la ruine complète.— Nous serons encore battus, et comme nous ne capitulerions plus, les morts s'ajouteraient aux morts. Les provinces du Midi et quelques-unes de l'Ouest seront pillées et ruinées comme les autres. Il n'y aura plus de France.

Plus de France! La prétendue impossibilité d'une si grande chûte réveille un suprème espoir. L'Europe pourra-t-elle souffrir ce désastre et les nations se passeront-elles de la nation-reine? Tous les peuples ne se lèveront-ils pas pour défendre ces enfants de la révolution française, qui n'ont sans doute pas accompli leur tâche, mais qui n'en conservent pas moins l'étincelle de liberté, héritage de leurs pères?

Eh bien! ce suprème espoir nous abandonnera comme les autres. Les malheureux inspirent aujourd'hui plus d'éloignement que de pitié. A vrai dire, le dévouement n'a jamais existé chez les peuples, mais depuis que nous dormons, bien des idées généreuses ont encore disparu. On nous abandonnera comme on a abandonné la Pologne, comme nous l'avons abandonnée nous-mêmes.

Assez de preuves comme cela. Un Français ne doit pas s'étendre plus longtemps sur un semblable sujet et il est des choses qu'il faut taire.

Concluons.

La guerre à outrance, la continuation et la guerre, est impossible.

IL FAUT FAIRE LA PAIX.

Ce n'est pas seulement une nécessité, c'est un devoir.

Un devoir de courber la tête et de passer sous les fourches-caudines du déshonneur, un devoir de se montrer indignes de nos pères, un devoir de quitter la première place parmi les nations, un devoir d'être lâches!

Encore une fois, Français, faisons taire ces effervescences du cœur, ces indignations sanguines, ces raisonnements fiévreux, forts beaux et forts respectables, mais très mauvais.

Mais c'est justement parce que nous ne pouvons pas rester vaincus jusqu'à la fin des siècles, c'est parce que nous ne devons pas laisser un sale héritage à nos fils, c'est justement parce qu'il faut que nous restions à la tête des peuples, que la conclusion de la paix s'impose à nous comme un devoir.

Il est une chose, consolation du vaincu, que nous oublions trop aujourd'hui. Enfants gâtés de la fortune, prompts au désespoir, nous ne savons pas souffrir. Le vrai courage ne consiste jamais à se faire tuer quand on est encore fort, et certaines résignations sont plus belles que la mort. Ceux-là seuls qui ne sentent pas en eux assez de vertus pour briller plus tard d'un pur éclat, ne peuvent pas souffrir une tache, comme si leur âme faible ne devait jamais parvenir à l'effacer. On est vraiment surpris de n'entendre parler nulle part du retour de la fortune, et l'on se demande si le peuple français est véritablement un peuple d'enfants, puisqu'il ne pense pas aux *revanches*.

C'est, il est vrai, une douloureuse consolation.

Faudra-t-il donc encore, dans quelques années d'ici, quand les blessures de cette guerre commenceront à se fermer, courir à de nouveaux combats? Ne pouvons nous profiter à jamais des enseignements de la folie présente et nous faudra-t-il relever le drapeau de la barbarie?

A qui la faute! que notre ennemi ne nous réduise pas à cette dure nécessité.—Mais, nous ne pouvons pas abdiquer notre souveraineté : la voix du peuple français ne doit pas se taire. Nous ouvrirons notre nouvelle carrière en passant dans le sang, il y aura de grandes ruines, mais de tout ce tumulte sortira une ère de paix et de liberté. Notre nationalité, enfin, n'est pas seule en jeu; il y va de l'indépendance de l'Europe. Comme homme plus encore que comme citoyen tout français travaillera à l'œuvre de sa réhabilitation.

Résumons nous.

Il faut faire la paix, parce que une résistance à outrance ne servirait peut-être qu'à achever notre ruine.

Il faut faire la paix, parce que nous devons nous recueillir et nous préparer, afin de reprendre une revanche que le destin nous doit, car nous n'avons pas été battus, mais surpris, et la justice qui dirige le monde ne procède pas par surprises.

Il faut enfin faire la paix, parce que nous sommes la France, et que la France n'a pas le droit de se sacrifier et de jouer dans une lutte folle le salut de l'Europe.

Ainsi donc nous nous livrons à la Prusse. Qu'il nous demande quatre départements ou qu'il nous prenne un tiers de notre territoire, nous attendons avec résignation les ordres de notre vainqueur, et le premier acte de l'Assemblée Constituante sera de remettre nos destinés aux mains de M. de Bismarck!

Qui donc pense ainsi?

Nous venons de faire un aveu assez complet et assez sincère de ce qui nous manque pour que nous puissions maintenant parler de ce que nous avons.

Nous voulons traiter des conditions de la paix, mais nous traitons debout et les armes à la main.

Nous avons encore droit au respect de la Prusse, et voici pourquoi:

Garibaldi, Faidherbe et Chanzy ont été battus, mais le seront-ils toujours? Ces soldats inexpérimentés il y a un mois, commencent à connaître la discipline: on se mûrit vite à l'école de malheur.

Nos mobilisés ont montré jusqu'à présent peu d'entrain, mais le désespoir grandit les courages.

Nous avons manqué d'armes, de canons; mais nous en avons fabriqué depuis.

Personne ne nous a porté secours et aujourd'hui encore aucun roi ne viendra nous délivrer; mais les rois ne seront pas toujours les maîtres en Europe. N'entendez-vous pas ce frémissement révolutionnaire qui gronde en Espagne, en Italie, en Allemagne, partout? Peut-être sommes-nous plus près de la république universelle que de la domination prussienne. Les soldats de la liberté se battent bien, mais ils ont surtout un privilége étrange : c'est qu'on n'aime pas à se battre contre eux, — de peur du sacrilége.

Que la Prusse y prenne garde. Nous voulons la paix aujourd'hui parce que nous avons peut-être mérité une expiation, que nous ne sommes pas encore dignes, au sortir de la boue impériale, de tenir haut le drapeau de la liberté, et que l'Europe n'est pas assez préparée à le défendre; nous voulons la paix parce que, si nous doutons du succès aujourd'hui, nous en sommes certains pour plus tard; — mais nous voulons être traités avec honneur, car nous sommes toujours la grande nation.

L'Assemblée Constituante discutera des conditions de paix que l'on ne connaît pas encore.

Pour nous, nous désirons la paix, mais nous doutons de cette Assemblée, car les habitants des campagnes, y ont envoyé des gens qui n'ont rien oublié et rien appris. Nous redoutons une paix honteuse, parce que la voix criarde et fausse des journaux vendus, couvrira la voix du patriotisme; — nous tremblons qu'on n'assassine la liberté.

C'est à vous, Citoyens, à vous tous Français, de protester ! Manifestez votre volonté, et l'Assemblée vous obéira. Dites-lui bien que vous êtes là, prêts à la défendre, vous qui voulez une paix honorable comme vous qui voulez la guerre à outrance.

M. de Bismark nous a conduit aux urnes ; mais il ne siège pas à notre Chambre. Il n'a pas voulu écouter le peuple, mais le peuple lui parlera par la voix de ses représentants. La Prusse sait bien que le Français est brave, demandez-lui pourquoi elle espère trouver une Chambre lâche. Non. Demandez-le à ceux qui nous ont tenu dans l'ignorance, bonapartistes, légitimistes, à tous ceux qui cachent la lumière. Demandez-le à ces journaux qui défigureront le sens des discours courageux, qui feront passer les saints pour fous et les traitres pour saints. Demandez-le donc à vous-même, qui n'aurez pas le courage de parler haut et qui vous laisserez battre.

C'est un grand malheur pour la France que l'homme de génie qui avait pris en main sa défense ait trouvé de l'opposition à ses côtés quand on lui devait de l'appui. Mais que l'on continue l'œuvre de Gambetta ; que l'on poursuive avec ardeur l'armement de nos soldats et l'organisation de nos camps. L'Assemblée aura derrière elle une armée redoutable, prête à entrer en campagne.

Tout est là. C'est cette vérité que la nation doit comprrende et que tous les partis anti-républicains s'efforcent d'étouffer.

Que veulent-ils ? — La paix. — Mais aussi honteuse que l'on voudra ; qu'importe à ces cœurs où toute générosité est absente !

Pourquoi la veulent-ils ? — Parce qu'ils espèrent qu'elle leur ramènera le règne des vols, un père nourricier. Ce n'est pas, croyez-le, pour arrêter l'effusion du sang, car le sang qui coule est républicain, tout au moins honnête et franc : autant de morts, autant d'ennemis de moins. Voilà pourquoi, comme on l'a remarqué au commencement de ce discours, ils confondent volontairement les deux questions distinctes de l'issue heureuse de la guerre et du maintien du régime républicain.

Comment la veulent-ils ? — En espérant isoler du pays l'Assemblée, et lui enlever l'autorité que lui donneraient nos armées et nos patriotiques manifestations.

Nos représentants seront ainsi placés entre une séduction et un devoir, entre la presse réactionnaire et les intérêts du peuple. Que le pays fasse entendre sa voix et ne compromettre pas son honneur par sa négligence.

L'Assemblée aura un devoir sacré. Elle traitera de la paix, mais elle en débattra avec fermeté les conditions. Dans toutes les discussions dominera l'idée sainte d'une revanche. Si les conditions de la paix doivent être telles que toute revanche soit impossible, il n'y aura pas de paix.

La paix.

Mais pas de paix quand même.

Traiter en vue de l'avenir.

C'est un Conseil de guerre qui doit s'ouvrir le 15 février 1871.

II

Nous voici vis-à-vis de la Prusse dans une position bien définie : pas de parti pris contre la paix ; pas de parti pris pour la paix. Tout dépend de notre ennemi.

Mais il est une chose qu'il faut conserver et défendre contre les ennemis du dehors et les ennemis du dedans, c'est le Gouvernement républicain.

Dussions-nous le payer d'immenses sacrifices et périr jusqu'au dernier, si la Prusse veut nous imposer un autre régime, nous combattrons avec la puissance que donne l'idée du devoir accompli.

La presse d'opposition nous offre en ce moment un bien triste spectacle. La Prusse n'a pas encore condamné le Gouvernement républicain et des Français prennent les devants, montrent la route à l'étranger, l'appellent au besoin en lui promettant leur appui, et trouvent pour les barbares qui ravagent nos campagnes plus d'indulgence que pour les courageux travailleurs qui organisent la résistance.

Déjà les fautes de l'empire sont oubliées. Ce n'est plus l'avidité du Gouvernement impérial qui a dégarni nos arsenaux et refusé d'instruire nos soldats ; ce n'est plus l'incapacité des ministres qui a perdu notre artillerie ; ce ne sont plus les corruptions du régime de décembre qui ont formé les traîtres et instruit les généraux à capituler ou à fuir. Non ; l'empire a été méconnu, l'empereur est peut-être le seul homme de France qui ait fait son devoir jusqu'au bout (1). Tous ne vont pas si loin : beaucoup accordent volontiers que l'empereur était un misérable, mais à quoi bon parler des misérables ? — voyez-la manœuvre ? — ce qui nous a perdu, c'est l'incapacité des ambitieux qui ont cru devenir en un jour gens de guerre. Gambetta, avocat, organise régiments

<hr>

(1) *Sic*, dans l'*Avenir de la Corse*, du 9 février 1871.

sur régiments et fait naître plusieurs centaines de mille de soldats; M. Fourichon, homme du métier, laisse inactive notre marine. Qu'importe? L'un a perdu la France et le second l'eût sauvée! Bazaine est innocent comparé à Jules Favre; et c'est pitié de voir tous ces parvenus perdre la France, cette belle France des Bonaparte, cette propriété privée d'Henri V.

Tout cela se dit; tout cela se croit. Aux Etats-Unis, une semblable presse ne rencontrerait que mépris; dans l'ignorante France, elle force les consciences et dirige les votes.

Pourquoi tant d'acharnement? chacun le sait et nous ne faisons pas ici une dispute de journalisme. Mais la question est importante, car la bataille qui va se livrer va décider à tout jamais de notre sort, et dans un pareil jeu les tricheurs sont à écarter.

Disons pourquoi la République est indispensable en France : — ils nous diront pourquoi ils n'en veulent pas.

Une seule pensée agite en ce moment les esprits :

La France ne peut pas être à jamais déchue de sa grandeur.

Une seule espérance nous reste : l'espérance d'une *revanche future.*

Un seul gouvernement peut nous conduire à ce jour de résurrection.

C'est le *Gouvernement républicain.*

Nous ne faisons pas ici un traité sur les différents modes de gouvernement, et nous n'entreprendrons point des comparaisons déjà faites. Et comment comparer la liberté avec l'esclavage? Il y a des vérités qui se comprennent sans qu'il soit utile de les expliquer. Et certaines explications ne sauraient être complètes, car il faudrait passer en revue toute la vie civile de l'homme.— Du reste nous raisonnons sous les baïonnettes ennemis : pas de dissertations.

Prouvons que le Gouvernement républicain seul nous vengera un jour, et nous aurons prouvé assez.

Que nous promettent les bonapartistes, les légitimistes et les partisans de la famille d'Orléans?

— Le retour aux choses du passé.

Or, qui nous a perdu?

— Le passé.

Lequel donc de ces gouvernements nous promet la victoire?

Les Bourbons! Veulent-ils revenir une seconde fois dans les bagages de l'ennemi?

Les d'Orléans! Avec des mots pour nous endormir et le leurre éternel d'une libéralité mensongère!

Les héritiers de Sedan!...

Assez de hontes comme cela! C'est le peuple qui paye et qui meurt; que le peuple gouverne!—C'est le peuple qui s'est battu pendant cette campagne; au peuple d'organiser la victoire de demain.— C'est le peuple qu'on a volé; qu'il choisisse des honnêtes gens.

Nous ne tenons pas aux mots, à la République; c'est le régime républicain que nous voulons.

Il faut :

L'instruction dans les campagnes et dans les villes, afin que le suffrage universel ne soit plus un instrument perfide; que le peuple ne soit plus mené par des faiseurs, et que la vérité seule soit honorée.

L'économie dans le gouvernement, afin de réparer tous nos désastres.

L'honnêteté dans l'emploi de l'impôt, afin que l'argent destiné à la guerre serve à acheter des canons et non pas à entretenir le luxe d'une cour.

La révision totale de notre organisation militaire, qui promette des grades au mérite et non à la faveur.

L'armement complet de la nation.

Une justice vraie, et non des juges vendus.

Des lois sages qui ouvrent toutes les carrières au travail.

Enfin des hommes partout, et non pas des valets.

Qui nous donnera cela?

Quelque soit le nom de ce régime, nous l'accepterons; mais

ne jouons pas sur les mots, il s'est toujours appelé la République.

Nous l'avons, gardons-là.

Demandez maintenant aux journaux d'opposition l'explication
de leur haine.

Voici leur réponse : — « c'est qu'il nous faut en effet tout
cela, et que sous la République seule vous ne serez jamais libre.
— « Seul, je vous donnerai ces biens, moi légitimiste.— « Seul,
je vous ferai vivre heureux, moi impérialiste.— « Seul, je vous
laisserai ces libertés, moi orléaniste.»

Et tous, ils trouvent des partisans !

Et la République reste méconnue et insultée, elle sous qui
vivent contents et respectés les Suisses ; elle qui, dans l'espace
de deux siècles a conduit les Américains à la tête des nations !
Et c'est en France qu'elle souffre cela, en France d'où elle pren-
drait son essor pour régénérer le monde entier et confondre
tous les peuples dans la fraternelle religion du Progrès !

Et demain, dans le théâtre de Bordeaux, le sort de la République va se décider ; demain l'ignorance va sortir triomphante
et parée ; demain la Prusse et les journaux vendus vont chanter
leur victoire sur le cadavre sanglant de la liberté !

Et nous laisserons faire, Français !

Qu'un seul cri s'élève enfin dans tout notre pays ; que nos
représentants en tremblent sur leurs siéges et qu'ils sachent que
ce que le peuple veut, il faut qu'ils le veuillent.

Que ceci soit leur programme :

AU NOM DE LA FRANCE EN ARMES ET PRÊTE A S'ENSEVELIR
SOUS LES RUINES DE LA LIBERTÉ.

LA CHAMBRE VEUT :

UNE PAIX ACCEPTABLE,
LE MAINTIEN EN FRANCE DU GOUVERNEMENT RÉPUBLICAIN.

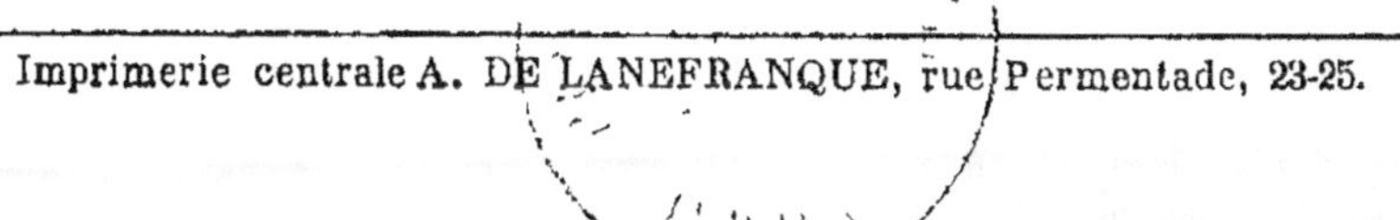

Imprimerie centrale A. DE LANEFRANQUE, rue Permentade, 23-25.

* 9 7 8 2 0 1 1 7 7 3 3 3 3 *